UN GUIDE PYTHON SIMPLE ET COURT POUR LES DÉBUTANTS

2

Contenu

avant 3

Où commence la programmation Python ? 3

Qu'est-ce que la programmation en Python ?
....3

Histoire de Python 5

Pourquoi étudier Python à l'époque ? 8ème

1. Python est très flexible et a de nombreuses
utilisations. 8ème

L'apprentissage automatique et l'exploration de
données utilisent Python. 9

Suivez ces instructions pour installer et exécuter
Python sur votre ordinateur. 11

Installer Python seul 12

Quels sont les principes sous-jacents de Python ?
....13

Bases de Python 13

Que sont les variables en Python, avec un
exemple ? 14

Que signifie un type de données Python ? 15

Utilisation des types de données de Python | 6
types de données Python courants 15

3

Types de données dans les fonctions : spécifiez 15

Que font les opérateurs Python ? 16

Que font les huit opérateurs de Python ? 17

Que fait une variable d'instruction Python ? ...18

Comment les instructions sont-elles exécutées en Python ? 19

Que font les fonctions Python ? 19

Quels sont les quatre différents types de fonctions en Python ? 20

Que font les instructions conditionnelles Python ? 20

Python prend-il en charge les quatre formes d'instructions conditionnelles ? 21

Quel est un exemple d'instruction conditionnelle ? 21

A quoi sert une boucle Python ? 22

Comment la boucle Python for est-elle écrite ? 22

Quelles sont les trois formes différentes de boucles en Python ? 23

- *Listes* 23
- *Tuple* 24

4

▪ *Ensemble* 24

dictionnaire 24

Que signifient les instances, les classes et les objets ? 26

Que signifient classe et instance en POO ? 26

Présentation des modules Python 27

L'instruction import est utilisée dans chacun des trois scénarios pour accéder au contenu d'un module. 28

Développer un module 29

   Appliquer un module 29

Comment créer un package de module Python ? 30

Entrée et sortie Python 31

Utilisation 31

   Exemple 31

Sortie 32

Que signifie la gestion des erreurs en Python ? 33

Meilleure gestion des erreurs Python : 7 conseils 33

de Python 34

5

Désavantage. Python *38*

Avant

Où commence la programmation Python ?

Python est un langage dynamique compilé et interprété par bytecode. Les types variable, paramètre, fonction et méthode ne sont pas déclarés dans le code source. Vous sacrifiez la vérification du type de code source au moment de la compilation, mais obtenez un code court et flexible.

Qu'est-ce que la programmation en Python ?

Des langages de programmation sophistiqués comme Python sont utilisés dans le développement de logiciels généraux. Il gère la logique derrière l'entrée de l'utilisateur, communique avec les bases de données et les serveurs supplémentaires, etc. puisqu'il s'agit d'un langage côté serveur, ce qui signifie qu'il s'exécute sur le serveur.

Python existe depuis qu'il a été développé pour la première fois par Guido Van Rossum à la fin des années 1980, aux côtés d'autres langages côté serveur tels que Java et C. Pour rendre Python plus facile à comprendre et à écrire que divers autres langages de programmation, Van Rossum s'est inspiré de la langue anglaise et a supprimé la syntaxe superflue.

Python est un langage open source qui a gagné en popularité ces dernières années pour son application en science des données. De plus, de nombreux outils et modules spécifiquement pour l'apprentissage automatique, l'analyse de données statistiques et l'intelligence artificielle (IA) ont été créés en Python.

Histoire de Python

Python, langage de programmation populaire de haut niveau à usage général. Il a d'abord été développé par Guido van Rossum, puis par la Python Software Foundation. En mettant l'accent sur la lisibilité du code, les programmeurs peuvent communiquer des idées en utilisant la syntaxe et moins de lignes de code.

C'était censé être à la fin des années 1980 quand l'histoire a été écrite. C'est à ce moment que le développement de Python a commencé. Guido Van Rossum a commencé à travailler sur des projets basés sur des applications peu de temps après, en décembre 1989, au Centre néerlandais pour la connaissance et l'informatique (CWI). Il l'a d'abord lancé comme un projet de passe-temps car il cherchait quelque chose d'amusant à faire pendant les vacances . Le langage de programmation ABC, dont la supériorité est attribuée à Python, incluait la gestion des exceptions et interagissait avec le système d'exploitation Amoeba. Plus tôt dans sa carrière, il avait aidé à construire ABC. Bien qu'il ait vu certains problèmes avec ABC, en général, il aimait les fonctionnalités. La prochaine action qu'il a prise était en fait assez intelligente. Il avait inclus certains des éléments utiles et la syntaxe d'ABC. Il s'est attaqué à ces problèmes de manière exhaustive et a développé un puissant langage de script sans bogue sur la base des commentaires reçus. Il l'a nommé Python parce qu'il était un grand fan de l'émission télévisée de la BBC

Monty Python's Flying Circus et voulait un nom accrocheur, accrocheur et en quelque sorte intrigant pour son invention. Jusqu'à sa démission à la tête de l'État le 12 juillet 2018, il présidait en tant que « Dictateur bienveillant à vie » (BDFL). Il a travaillé pour Google pendant un certain temps, maintenant il travaille pour Dropbox.

Pourquoi étudier Python à l'époque ?

1. Python est très flexible et a de nombreuses utilisations.

L'exploration de données, l'ingénierie de données, l'apprentissage automatique, l'IA, le développement Web, les frameworks Internet, les systèmes embarqués, les programmes d'illustration, les jeux, le développement de réseaux, le développement de produits, le développement rapide d'applications, les tests, les scripts d'automatisation, etc. sont quelques-unes des utilisations les plus populaires de Python.

Python est utilisé comme un remplacement écrit plus simple et plus efficace pour des langages comme C, R et Java qui exécutent des fonctions identiques. En conséquence, Python est de plus en plus utilisé comme dialecte principal pour de nombreuses applications.

L'apprentissage automatique et l'exploration de données utilisent Python.

R a toujours été le langage de programmation de choix pour les data scientists. Python devient de plus en plus populaire dans la science des données, en particulier parmi les travailleurs sans connaissances formelles en statistiques ou en mathématiques. Le code Python est considéré comme plus facile à maintenir et plus évolutif que R.

De nombreux packages Python pour l'apprentissage automatique et l'analyse de données ont été créés ces dernières années. Ceux-ci incluent Pyspark, une API pour interagir avec Spark, un framework pour travailler rapidement avec de grandes quantités de données, Tensor Flow, qui est utilisé pour écrire des algorithmes d'apprentissage automatique, et Jumpy et Pandas, qui permettent aux utilisateurs de comprendre et de manipuler des données.

Suivez ces instructions pour installer et exécuter Python sur votre ordinateur.

- Obtenez Thonny IDE maintenant.
- Pour configurer Thonny sur votre PC, démarrez le programme d'installation.
- Accédez à Fichier > Nouveau. Après avoir enregistré le fichier, donnez-lui une extension .py.
- Hello.py, example.py, etc. comme exemples.
- Le fichier peut avoir n'importe quel nom. Cependant, le nom de fichier doit se terminer par.py.
- Créez un fichier, ajoutez du code Python et enregistrez-le.
- Ensuite, choisissez Exécuter> Exécuter le script actuel ou appuyez

simplement sur F5 pour le démarrer.

Installer Python seul

o   Voici un guide pour installer et exécuter Python sur votre PC si vous ne souhaitez pas utiliser Thonny.

o   Téléchargez la dernière version de Python.

o   Exécutez le fichier d'installation et suivez les instructions pour configurer Python.

o   Vérifiez le processus d'installation. Ajoutez Python aux variables d'environnement. Ensuite, Python est ajouté aux variables d'environnement afin qu'il puisse être exécuté depuis n'importe où sur l'ordinateur.

o   Vous pouvez également choisir l'emplacement de l'installation de Python.

Quels sont les principes sous-jacents de Python ?

La syntaxe de Python est simple et similaire à l'anglais. La syntaxe de Python le distingue de nombreux autres langages de programmation car elle permet aux programmeurs de créer des applications avec moins de code. Le système de traduction de Python permet au code écrit d'être exécuté immédiatement.

Les bases de Python

Vous pouvez commencer votre carrière Python avec nos leçons adaptées aux débutants.

Cette page fournit des idées importantes pour les débutants

Python pour vous aider à commencer à utiliser le langage. Ces cours sont conçus pour vous donner les bases de Python.

Que sont les variables en Python, avec un exemple ?

Les données sont stockées dans des variables qui occupent de l'espace de stockage en fonction du type de valeur que nous leur donnons. Il est facile de créer des variables en Python. Tapez simplement le nom de la variable à gauche du signe égal (=) et la valeur à droite, comme indiqué ci-dessous. Quels sont les quatre différents types de variables en Python ?

o   Styles de variables numériques de Python.

o   format texte.

o   (liste python, tuples python,

o   ou portée Python) type de séquence

o   Valeur booléenne. Phrase. Dictionnaire.

Que signifie un type de données Python ?

Utilisation des types de données de Python | 6 types de données Python courants

- o Les objets de connaissance sont catégorisés ou classifiés à l'aide de types de données.
- o Numérique, Chaîne, Liste,
- o Tuple, set et dictionnaire sont les six types de données les plus courants en Python.
- o Comment fournir le type de données en Python ?

Types de données dans les fonctions : spécifiez

Les paramètres d'entrée a et b, qui spécifient le type entier, sont suivis de l'addition :. Cela implique que les paramètres de la fonction et b doivent être de type entier. Notez également le -> int qui suit les paramètres d'entrée.

Quels types de données existe-t-il en Python ?

La liste suivante de types de données intégrés pour Python est couverte dans ce didacticiel : entier, virgule flottante et nombres complexes. str est une chaîne de caractères. Ordre : plage, tuple et liste.

Que font les opérateurs Python ?

Opérateurs et expressions de Python - Real Python

Les opérateurs en Python sont des symboles spéciaux qui indiquent qu'un type spécifique de calcul doit être effectué. Les opérandes sont les valeurs qu'un opérateur manipule. Voici une illustration : >>> >>> a = 10 >>> b = 20 >>> a + b 30. Dans ce cas, les opérandes a et b sont additionnés à l'aide de l'opérateur +.

Que font les huit opérateurs de Python ?

.

- o Opérateurs en Python
- o opérateurs en mathématiques.
- o Opérateurs pour les affectations.

- Opérateurs de comparaison.
- Opérateurs de la logique.
- identités des opérateurs.
- Opérateurs d'adhésion.
- Opérateurs pour les bits

Que fait une variable d'instruction Python ?

Variables en Python - Le vrai Python

En Python, une variable est un nom symbolique qui fait référence ou pointe vers un objet. Une fois qu'une variable est affectée à un objet, elle peut toujours être utilisée pour faire référence à cet objet. Cependant, l'information est toujours présente sur l'article. Exemple : n = 300.

Quelles sont les trois déclarations en Python ?

Les messages d'impression, les assertions d'affectation, les conditions et les instructions de boucle sont les quatre sous-catégories d'instructions en Python. L'utilisation d'instructions d'impression et d'affectation est courante.

Comment les instructions sont-elles exécutées en Python ?

Chacune des instructions est exécutée individuellement dans l'ordre croissant. Les déclarations de fonction n'affectent pas l'ordre dans lequel un programme est exécuté. Cependant, vous devez savoir que les instructions d'une fonction ne sont pas exécutées tant que la fonction n'est pas appelée. Le processus d'exécution est interrompu par des appels de fonction.

Que font les fonctions Python ? La précédente suivie d'une section de code est une section de code qui ne s'exécute que lorsqu'elle est appelée. Vous pouvez fournir des paramètres - des données - à une fonction. Par conséquent, une fonction peut renvoyer des données.

Quels sont les quatre différents types de fonctions en Python ?

- o Tutoriel sur les fonctions Python : différents types de fonctions Python (avec...
- o De plus, nous explorerons les nombreux types de fonctions de Python, y compris les fonctions intégrées, récursives,
- o Fonctions Lambda et personnalisées,
- o Avec leur syntaxe et des exemples.

Que font les instructions conditionnelles Python ?

Exemples d'instructions If en Python : comment utiliser les instructions conditionnelles...

Les éléments de base de la programmation sont des

instructions conditionnelles (if, else et elif) qui vous permettent de contrôler le déroulement de votre programme en réponse à des situations spécifiques. Ils permettent à votre logiciel de prendre des décisions et d'exécuter différents morceaux de code en réponse à ces décisions.

Python prend-il en charge les quatre formes d'instructions conditionnelles ?

Instructions conditionnelles Python : instructions Elif, If_else et If imbriquées

L'exécution de notre programme est contrôlée par de nombreux types d'instructions conditionnelles, notamment les expressions if, if-else, elif, imbriquées if et imbriquées if-else.

Quel est un exemple d'instruction conditionnelle ?

Exemple : Il existe une instruction conditionnelle. On ne peut pas jouer quand il pleut. Disons : A : Il pleut et B : Nous ne jouerons pas. Si A est vrai - c'est-à-dire s'il pleut - et B est faux - c'est-à-dire si nous avons joué - alors A implique que B est faux.

A quoi sert une boucle Python ?

La boucle est le processus d'exécution répétée de quelque chose jusqu'à ce qu'une certaine condition soit remplie. Tant que la condition est remplie, une boucle for dans Py est une expression de flux de contrôle, utilisée pour exécuter en continu une série d'instructions.

Comment la boucle Python for est-elle écrite ?

Dans la syntaxe de boucle for de base de Python, l'itération est représentée par la lettre i. Il peut être changé à volonté.

Tous les éléments distinctifs, y compris les listes, les tuples, les chaînes et les dictionnaires, sont appelés des données.

Ensuite, vous devez taper deux-points suivi d'un retrait. Vous pouvez utiliser la touche de tabulation ou appuyer quatre fois sur la barre d'espace.

Quelles sont les trois formes différentes de boucles en Python ?

Il permet aux programmeurs de modifier le déroulement du programme de telle sorte qu'ils ne puissent répéter le code qu'un nombre limité de fois au lieu de répéter le même code encore et encore. Les boucles for, while et les boucles imbriquées sont les trois principales formes de boucles disponibles en Python.

- **listes**

Sont une collection de données immuables, modifiables et ordonnées et font partie des structures de données les plus couramment utilisées proposées par Python. Ils pourraient contenir des données redondantes.

- **tuple**

Les listes et les multiples sont comparables. Semblable aux listes, cette collection comprend des données itérables, triées et (éventuellement) répétitives. Cependant, contrairement aux listes, les tuples sont immuables.

- **Phrase**

Set est un autre type de structure de données qui stocke une collection de données itérables, modifiables et non ordonnées. Mais il n'a que des composants caractéristiques.

dictionnaire

Contrairement à tous les autres types de collections, les collections de dictionnaires ne contiennent que des paires clé-valeur.

est une collection de données non triées dans Python version 3.7.

Python v3.1 a introduit une nouvelle forme de dictionnaire appelée OrderedDict, qui était similaire au dictionnaire Python mais différait en ce qu'il était ordonné (comme son nom l'indique).

Avec Python 3.7, la dernière version, vous pouvez : Enfin, le dictionnaire est désormais une collection organisée de paires clé-valeur dans Python 3.7. Maintenant qu'ils ont été entrés, la commande est garantie d'être dans cet ordre.

Que signifient les instances, les classes et les objets ?

Un type spécial de plan que vous pouvez utiliser pour créer des choses est une classe. Un objet, qui est une instance d'une classe, est une "chose" tangible que vous avez créée à l'aide d'une classe spécifique. Le mot "instance" fait référence à la connexion entre un objet et sa classe, bien que les termes "objet" et "instance" soient équivalents.

Que signifient classe et instance en POO ?

Un élément formé à partir d'une classe est appelé une instance. L'état actuel de l'instance est déterminé par les opérations effectuées sur celle-ci, tandis que la classe spécifie la structure (comportement et informations) de l'instance.

Présentation des modules Python

En fait, Python a trois méthodes alternatives pour définir les modules :

Python lui-même peut être utilisé pour créer des modules.

- Un module similaire au module res (expression régulière)
- Peut être construit en C et chargé de manière flexible lors de l'exécution.
- Comme le module itertools, il existe intrinsèquement un module intégré dans l'interpréteur.

L'instruction import est utilisée dans chacun des trois scénarios pour accéder au contenu d'un module.

Les modules Python en particulier seront abordés. Ce qui est merveilleux avec les modules Python, c'est qu'ils sont assez faciles à créer. Tout ce que vous avez à faire est de créer un fichier avec du code Python authentique et de lui donner un nom se terminant par .py. J'ai fini maintenant ! Aucun vaudou ou syntaxe spécifique n'est requis.

Par exemple, supposons que vous ayez écrit le code suivant dans un fichier nommé mod.py :

mod.py

Si le camarade Napoléon dit cela, cela doit être vrai, dit l'art.
un = [100, 200, 300]

Défini dans la fonction foo(arg) :
print(f'arg = 'arg')

Laissez-passer pour la classe Foo

Développer un module
Placez simplement le code que vous voulez dans un fichier avec une extension .py pour créer un module.

Exemple : Achat d'un serveur Python.
Collez ce code dans un fichier appelé mymodule.py et enregistrez-le.

```python
def salutation (nom):
print("Bonjour," Nom," "")
```

Appliquer un module

Maintenant, à partir de la ligne d'importation, nous pouvons utiliser le module que nous venons de créer :

Exemple
Appelez la fonction d'accueil et importez le module "Mon Module":

Appelez mon module

```
monmodule.salutation("Jonathan")
```

Comment créer un package de module Python ?

Placez simplement le code que vous voulez dans un fichier avec une extension .py pour créer un module. Exemple : Achat d'un serveur Python.

Appelez la fonction de bienvenue et importez le module.

Ce code doit être enregistré dans le fichier mymodule.py.

Accédez au dictionnaire person1 et importez le module my module :

Entrée et sortie Python

Obtenir l'entrée de l'utilisateur en Python Parfois, un programmeur voudra obtenir l'entrée de l'utilisateur à un moment donné du programme. Python a la méthode input() pour cela.

Utilisation :

Où "rappel" est une ligne facultative qui apparaît dans la chaîne pendant que l'entrée est acceptée.

Exemple 2 : entrée de l'utilisateur sous forme d'entier en Python # num = int(input("Entrez un nombre : "))

= nombre + 1 + ajouter

Créé par print(add)

Sortie :

Entrez un numéro ici : 25 26
Comment accepter plusieurs entrées en Python La fonction map() en Python nous permet d'accepter plusieurs entrées du même type de données en même temps.

A, B et C sont égaux map(int, "Enter the Numbers:").print(split()) "The Numbers are: ",end = "

écrire (a,b,c)
Sortie:

Tapez 2 3 4 pour entrer
Les chiffres sont : 2, 3 et 4.

Que signifie la gestion des erreurs en Python ?

Dictionnaire pour Python. Vous pouvez utiliser le bloc Try pour rechercher des erreurs dans un bloc de code. Le bloc esless peut être utilisé pour corriger l'erreur. Vous pouvez toujours exécuter du code à l'aide du bloc "final" quels que soient les résultats des blocs "try" et "exclusif".

Comment gérer correctement les erreurs Python ?

Meilleure gestion des erreurs Python : 7 conseils

- Explicit vaut mieux qu'implicite. Les clauses suivantes s'appliquent aux exceptions de Python : L'imbrication n'est pas préférée à peu profonde.

- Faire des exclusions spéciales.
- Gardez la largeur de votre bloc Try/Except petite.
- Utilisez-les dans la pratique.
- beaucoup de journalisation.
- (Paramètres à distance) Utiliser les outils

Avantages Python

- Bibliothèques généreuses
- Python dispose d'une bibliothèque et d'un code téléchargeables complets pour une variété de choses telles que les expressions régulières, les bases de données, le CGI, le courrier électronique, le traitement d'images, etc. Il peut

également générer de la documentation, exécuter des tests unitaires, exécuter des navigateurs Web et créer des threads de code.

- Par conséquent, nous n'avons pas à écrire tout le code manuellement.

- Flexible
- D'autres langages peuvent être ajoutés à Python. Par exemple, une partie de votre code peut être écrite en C++ ou C.

- Ceci est particulièrement utile pour les projets.

- Embarqué
- Python a également la fonctionnalité d'intégration

qui complète l'extensibilité. Le code Python peut être inséré dans le code source d'un autre langage, tel que C++.

- Cela nous permet d'ajouter des fonctions de script à notre autre code de langue.

- Productivité accrue
- En raison de la simplicité et de la grande bibliothèque du langage, les programmeurs sont plus productifs qu'avec des langages comme Java et C++.

- De plus, vous devriez écrire moins et faire plus de choses.

- 5. Opportunités IOT

- Python pense que l'avenir de l'Internet des objets est prometteur, servant de base à des plates-formes de pointe comme Raspberry Pi.

- Cela aide à connecter la langue au monde extérieur.

- 6. Simple et direct
- Vous devrez peut-être créer une classe en Java pour imprimer "Hello World". Mais tout ce dont vous avez besoin avec Python est une instruction d'impression.

- De plus, il est assez facile à apprendre, à comprendre et à programmer.

- 7. Accessibilité

- La lecture de Python est similaire à la lecture de l'anglais en ce sens qu'il ne s'agit pas d'un langage très verbeux. Cela explique pourquoi l'apprentissage, la compréhension et le codage sont si faciles.

- Les définitions de bloc peuvent être créées sans accolades et une indentation est requise. Cela améliore considérablement la lisibilité du code.

- 8. Orientation de l'objet
- Les paradigmes de programmation procédurale et orienté objet sont pris en charge par ce langage.

- Les classes et les objets nous permettent de simuler le monde réel, tandis que les fonctions nous aident à réutiliser le code.

Désavantage. python

- La vitesse de Python est plus lente que Java ou C, ce qui est un inconvénient. Python est un langage interprétatif à typage dynamique. Étant donné que le langage est interprété lors de l'exécution du code, chaque ligne de code doit être explicitement ordonnée. Cela ralentit le processus d'exécution car il prend beaucoup de temps. La structure dynamique de

Python ralentit également les performances en raison du travail supplémentaire qui doit être effectué lors de l'exécution du code. Python est si rarement utilisé dans les situations où une accélération rapide est requise.

- Python a un taux d'utilisation de la mémoire très élevé. Cela permet de prendre en compte différents types de données. La mémoire est fortement sollicitée. Pour les activités gourmandes en mémoire, Python n'est pas une option appropriée si l'utilisateur souhaite optimiser l'utilisation de la mémoire.

- Python est un excellent langage de programmation côté serveur car il fonctionne bien sur les plates-formes de bureau et de serveur, ce qui est important pour le développement mobile. Cependant, il n'est pas adapté au développement mobile. Python est un langage vulnérable lorsqu'il est utilisé pour le développement mobile. En raison du fait qu'il consomme beaucoup de mémoire et a une vitesse de traitement lente, Python n'a pas beaucoup d'applications mobiles natives. Python a un programme intégré appelé Carbuncle.

- L'accès aux bases de données est simplifié par la programmation Python. Cependant, divers problèmes surviennent lors de la communication avec la base de données. La couche d'accès à la base de données du langage de programmation Python est simple et immature par rapport aux technologies relativement bien connues telles que JDBC et ODBC. Les grandes entreprises hésitent souvent à utiliser Python lorsqu'elles ont besoin d'une interaction facile avec des données historiques complexes.

- Erreurs d'exécution : les utilisateurs de Python ont rencontré un certain nombre de problèmes avec la structure du langage. Le type de données d'une variable peut changer à tout moment car Python est un langage à typage dynamique. En conséquence, des tests supplémentaires sont nécessaires et il existe également des erreurs d'exécution dans le langage.

- Python est un langage de programmation clair et convivial, ce qui est aussi l'un de ses inconvénients. Les utilisateurs de Python ont du mal à apprendre d'autres langages de programmation, à l'aise avec sa syntaxe simple et sa large gamme de fonctionnalités. En raison de leur complexité, certains utilisateurs pensent que les programmes Java sont inutiles. Pour cette raison, Python est très vulnérable et les utilisateurs commencent à prendre les choses pour acquises.

www.ingramcontent.com/pod-product-compliance
Lightning Source LLC
La Vergne TN
LVHW051621050326
832903LV00033B/4610